Otros libros grandes de la colección:

SOMOS NACHO Y LAURA
LOS RITUALES DE NACHO
MIS CUATRO ESTACIONES
NACHO Y EL CUERPO HUMANO
LOS 5 SENTIDOS DE NACHO
LAS EMOCIONES DE NACHO
EL COLEGIO DE NACHO
EL GRAN LIBRO DE LOS ANIMALES DE LAURA
EL GRAN LIBRO DE LOS VEHÍCULOS DE NACHO
EL GRAN LIBRO DE LAS ESTACIONES DE NACHO

Traducción: Alejandro Tobar

Título original: *Hallo dino! Karels grote boek over dinosaurussen*
Publicado por primera vez en Bélgica y en los Países Bajos por la editorial Clavis, 2020

© Editorial Clavis, Hasselt-Ámsterdam-Nueva York, 2020
© De esta edición: Grupo Editorial Luis Vives, 2021

ISBN: 978-84-140-3334-0
Depósito legal: Z 1406-2020

Impreso en Eslovaquia

Todos los derechos reservados. Cualquier forma de reproducción, distribución, comunicación pública o transformación de esta obra solo puede ser realizada con la autorización de sus titulares, salvo excepción prevista por la ley. Diríjase a CEDRO (Centro Español de Derechos Reprográficos) si necesita fotocopiar o escanear algún fragmento de esta obra (www.conlicencia.com; 91 702 19 70 / 93 272 04 47).

EL GRAN LIBRO DE LOS DINOSAURIOS DE NACHO

Liesbet Slegers

Edelvives

Hace mucho mucho tiempo, cuando
todavía no había ni mamás ni papás,
ni gatos ni perros, ni elefantes ni ratones...,
los dinosaurios eran casi las únicas
criaturas que vivían en el planeta.
¿Te lo puedes creer? Qué extraño, ¿no?
¡Y, sin embargo, es verdad!

¡Hola, dinosaurio! ¿Quién eres tú?

MUSEO DE LOS DINOSAURIOS

Hoy en día, ya no te cruzas con dinosaurios vivos en el bosque, por la calle o en clase. ¡Pero sí puedes visitar el Museo de los Dinosaurios! En un museo, se ven y se aprenden toda clase de cosas. ¿Cómo de grandes o de pequeños eran los dinosaurios? ¿Eran peligrosos o mansos?

Acompaña a Nacho al Museo de los Dinosaurios para descubrirlo todo. ¿Te atreves? ¡Qué emocionante!

¡Qué ganas tengo de ir allí con papá! ¡Ya veo un dinosaurio enorme a través del cristal de la puerta! Entremos, ¡rápido!

¡Mira a ese grandullón!
¡Menudos dientes!
Y a ese otro de allí,
que parece saludarme.
Le devuelvo el saludo.
¡Hola, dinosaurio!
Soy Nacho.

Un poco más adelante veo una huella gigantesca de una garra enorme.
¿Será de un tiranosaurio? ¿El de los dientes afilados? ¡GRRRR...!
—¡Mira, en esa vitrina hay huevos de dinosaurio! —dice mamá.

Los investigadores encuentran huesos y huellas de un dinosaurio en una cueva. Esto los ayuda a saber mucho sobre los dinosaurios. En este museo puedes conocer sus excavaciones.

—Mira esa foto —dice mamá—. Son expertos en dinosaurios. Se dedican a descubrir información nueva sobre estos animales.

—Con un cepillo muy suave, el experto limpia y saca el esqueleto muy despacito —dice papá—. ¡Mira esos huesos! Son tan antiguos que están negros y fosilizados, o sea, están duros como una piedra.

¿Qué es exactamente un esqueleto?

Nuestro cuerpo está formado por muchísimos huesos. Son fuertes y duros. ¡Compruébalo tocando los tuyos! Todos juntos forman nuestro esqueleto. Los huesos y los músculos nos permiten estar de pie, caminar y saltar.

—Cuando un investigador descubre huesos de dinosaurio, los une como si fueran las piezas de un puzle, y así arma el esqueleto. De ese modo podemos ver qué aspecto tenía el dinosaurio —dice papá.

¡Estupendo! A mí también me gustan los puzles.

Me río a carcajadas. ¡Una caca de dinosaurio! ¿Por qué está aquí?
—Esa caca nos permite saber qué comían —dice papá—. Está fosilizada.
Mejor, así ya no huele mal.

Veo los enormes dientes afilados de un cocodrilo dinosaurio.
¡Y ese que cuelga del techo tiene alas! ¡Hay tanto que ver!
¡El Museo de los Dinosaurios es **super-dino-vertido**!

Hay dinosaurios de todas las formas y tamaños. ¡Hay más de mil especies! ¿Te apetece descubrir más sobre algunos?

Muy mansos

Estos dinosaurios solo comen plantas. Son muy mansos con los demás dinosaurios. ¡Y son gigantescos! Gracias a sus largos cuellos, encuentran alimento con facilidad en las copas de los árboles. Su comida favorita son las agujas de pino. ¡Les encanta zamparse los árboles de navidad! (Sin la decoración navideña, claro).

DIPLODOCUS

COLA MUY LARGA

PATAS COMO LAS DE LOS ELEFANTES

Cuernos y un mazo

EUOPLOCEPHALUS Parece un tanque. Está muy bien protegido contra dinosaurios peligrosos.

PUNTA DE LA COLA CON FORMA DE MAZO

CRÁNEO DURO

PLACAS GRUESAS Y ESPINAS

CUATRO DEDOS EN CADA PIE

STEGOCERAS Tiene una especie de bulto duro en la cabeza. ¡Cuidado con los cabezazos!

¡A toda mecha!

¡También hay dinosaurios que corren que se las pelan! ¡Fiuuu!

- **VELOCIRAPTOR** Se mueven a gran velocidad y tienen unas garras enormes. Cazan en manada.

> ¡CORRO TAN RÁPIDO COMO VOSOTROS!

GRANDES GARRAS

Un volador excepcional

Estos dinosaurios vuelan por el cielo y sobrevuelan la superficie del agua. Con ese pico, pueden pescar un buen puñado de peces de una sola vez. ¡Como hacen los pelícanos!

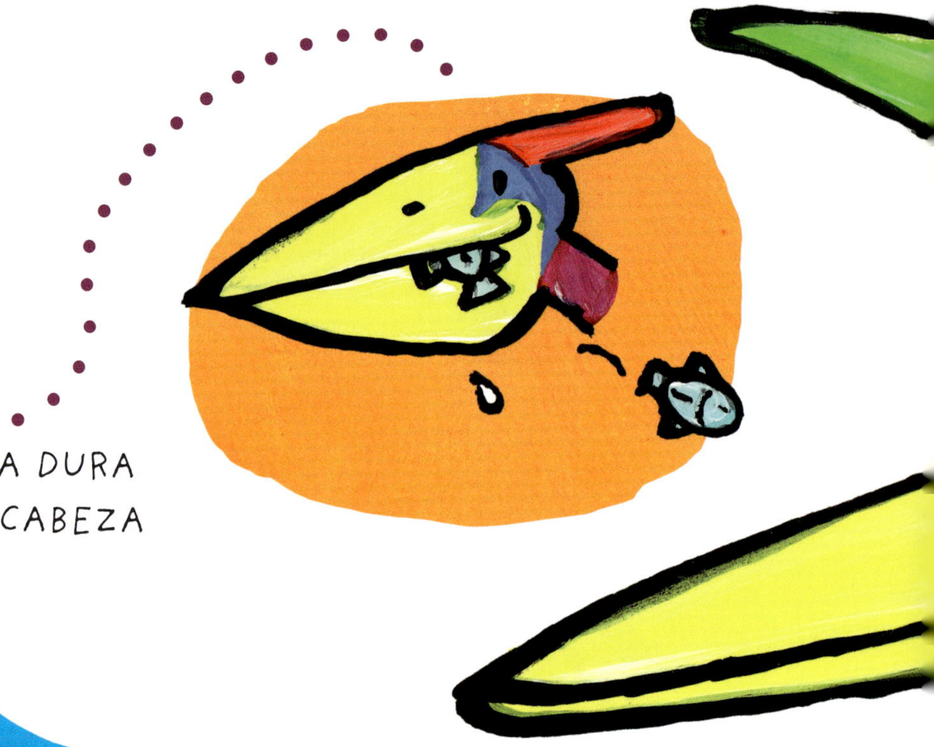

CRESTA DURA EN LA CABEZA

YO COMO PECES Y OTROS ANIMALES MARINOS

GRANDES Y POTENTES ALETAS

LIOPLEURODON

¿Sabías que los dinosaurios ponen **huevos**? Nacho siente curiosidad al ver la **cría de dinosaurio** dentro del huevo. ¡Oh, qué monada!

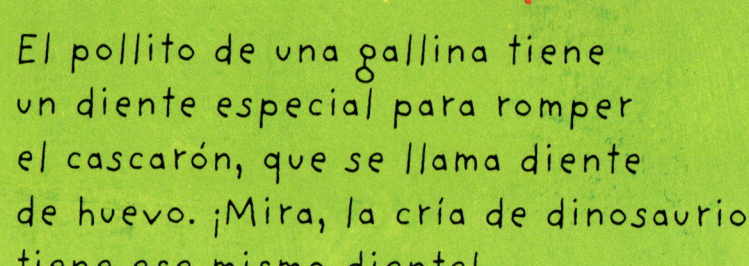

El pollito de una gallina tiene un diente especial para romper el cascarón, que se llama diente de huevo. ¡Mira, la cría de dinosaurio tiene ese mismo diente!

Este es un nido de dinosaurio. Hay espacio para muchos huevos. Si mamá dinosaurio no es demasiado grande y pesada, se sienta sobre ellos para darles calor, ¡como hace la gallina con sus huevos!

¿Qué ocurre primero? ¿Y luego? Coloca los cuadrados rojo, morado, amarillo y azul en el orden correcto.

Ahora el dinosaurio está fuera del huevo. ¡Yuju, aquí estoy!

La mitad de la cría de dinosaurio sale del huevo.

Se oye un crujido en la cáscara. ¿Ves algo que se mueve?

La cabecita del dinosaurio casi asoma por fuera del huevo.

¡Qué raro! ¡Nacho y Laura están diferentes en el dibujo de arriba y el de abajo!
Busca las siete diferencias. Señálalas con el dedo y di cuáles son.

DIENTE DE COCODRILO

PATAS DE ELEFANTE

CUELLO DE JIRAFA

TYRANNOSAURUS REX

El erizo tiene púas. Busca al dinosaurio que también las tenga. ¿Cuál tiene las patas como las del elefante? ¡Trata de encontrar el parecido entre los animales de arriba y los dinosaurios!

Presta atención: aquí tienes un dinosaurio amarillo, uno rojo, uno verde y uno azul. ¿Qué dinosaurio es tan alto como una grúa? ¿Y cuál como un árbol? Compara el resto de los dinosaurios y di cómo de altos son.

Nacho ha recortado varias partes de distintos animales y se las ha pegado al dinosaurio. ¡Ha creado una fantástica criatura! Mira los animales de abajo. ¿En qué parte del dinosaurio se esconden?

MARIQUITA

MONO

GALLINA

PEZ

¿Qué dinosaurio corre sobre dos patas y tiene alas?
¿Qué dinosaurio tiene púas y un mazo?
¿Qué dinosaurio tiene cuatro patas y un nido con huevos?
¿Qué dinosaurio nada y se parece a un delfín?
¿Qué dinosaurio tiene cuatro patas y abre el pico por completo?

Nacho ha dibujado un bonito dinosaurio.
¿Lo ayudas a contar y a reconocer las formas y los colores?
Observa bien la línea de colores sobre el lomo del dinosaurio.
¿De qué color debes pintar los triángulos que aún están en blanco?
¡Ahora numera los triángulos del 1 al 20!
Después cuenta también las estrellas y las espirales.

¡¿No te da vergüenza, Gus?!

Esta tarde Laura y Alí vienen a casa a jugar. Nacho lleva puesto su disfraz de dinosaurio. Mamá hace galletas de dinosaurio y él la ayuda a decorarlas. Pero ¡el cuenco morado con la masa se cae al suelo! Su perro Gus llega a toda prisa y lo lame todo.
—No importa, no tardaremos nada en barrerlo —dice mamá.

¡Din-don! Ya ha venido Laura y Alí está a punto de llegar. Son los mejores amigos de Nacho. Hoy vivirán una tarde de dinosaurios.

Alí echa a volar su dinosaurio de juguete. Laura coge un par de garras de dinosaurio. Se las quiere poner. Ya se ha calzado una, ¡qué divertido! Pero entonces Gus agarra la otra con la boca y sale corriendo.
¡Eh, Gus, vuelve!

¡Bieeen! Laura ya ha recuperado la garra y puede pisar el arenero con las dos. Nacho y Alí corretean por el césped.
—¡Grrrr! —rugen los tres como auténticos dinosaurios.
Alí pone a su dinosaurio a comer hojas. Laura deja un rastro de pisadas en la arena con sus garras de dinosaurio.
¡Parecen auténticas!

Pero entonces... Gus viene de nuevo corriendo, pisa las bonitas huellas de dinosaurio de Laura y tira la arena por todas partes.
—¡¿No te da vergüenza, Gus?! —dice Nacho. Nacho está enfadado. Gus lleva toda la tarde molestando.

Pero en ese momento a Laura se le ocurre una idea genial.
—¡Oye, Nacho, si borras un poco las huellas, parecen dientes de dinosaurio en lugar de garras!

—¡Sí, estos dientes son incluso mejores que las garras! —comenta entre risas Alí—. Después de todo, Gus ha hecho un buen trabajo, ¿verdad?

Más tarde, Nacho, Laura y Alí juegan con su amigo Gus. Él no pretendía portarse mal, tan solo quería divertirse con ellos y ser un dinosaurio. ¡Vamos, Gus!

Cuando terminan de jugar, comen las ricas galletas de dinosaurio y le dan a Gus una galleta para perros.

Qué pandilla de dinosaurios tan simpática. Pero, silencio, duermen. ¡Ah, no! Hay uno que no... ¿Qué dinosaurio sigue despierto?

¿Podrías contar todos estos dinosaurios? ¿Sabes el nombre de alguno? ¿Y cuál es tu favorito? ¿O prefieres otro dinosaurio?

Qué agradable y fantástico día...
Visita al museo, en donde había
diez esqueletos de dinosaurio
y una gran caca, ¡quién lo diría!

Qué agradable y fantástico día...
Comer galletas, ¡qué maravilla!
Ponerse a rugir con Laura y Alí
¡como un dinosaurio lleno de ira!

Qué agradable y fantástico día...
¡Ver tantas cosas que no conocía!
Pero ya llega la hora de dormir.
¿Aquel Diplodocus qué soñaría?